ORDRE DES AVOCATS

AU CONSEIL D'ÉTAT ET A LA COUR DE CASSATION

ASSEMBLÉE GÉNÉRALE

Du 9 Août 1882

DISCOURS

DE M. DE VALROGER, 1er Syndic

ORDRE DES AVOCATS

AU CONSEIL D'ÉTAT ET A LA COUR DE CASSATION

ASSEMBLÉE GÉNÉRALE

Du 9 Août 1882

DISCOURS

DE M. DE VALROGER, 1er Syndic

MES CHERS CONFRÈRES,

La retraite prématurée de notre Président, qui procure à votre premier Syndic l'honneur de présider votre assemblée annuelle, laisse chez nous un grand vide, et nous cause d'unanimes regrets.

Cette retraite cependant pouvait être prévue. Il n'est pas donné à tous de conserver sans relâche l'ardeur juvénile de notre infatigable Doyen. Partagé entre les occupations du Sénat et celles de son cabinet, dont l'importance grandissait de jour en jour, Mazeau, malgré une grande facilité de travail, supportait avec peine ce double fardeau. Sa nature nerveuse, impressionnable, prompte à s'alarmer, lui faisait craindre quelquefois d'être au-dessous de sa tâche, et agissant en sage, il a voulu, se retirant à temps, ménager, pour l'avenir, des forces qui trouveront bientôt sans doute un nouvel emploi. Il eût désiré présider encore votre assemblée générale, vous faire lui-même ses adieux, vous remercier encore une fois de l'honneur que vous lui avez conféré en le plaçant à votre tête. L'approche des vacances, et le désir d'investir auparavant un successeur depuis longtemps choisi, ont précipité ses résolutions et hâté sa retraite.

Mazeau a passé dans notre ordre 27 ans. Il y était entré parfaitement préparé, sous les auspices d'un maître éminent, Paul Fabre, dont il avait été, pendant plusieurs années, le collaborateur préféré. Notre ancien Président, Paul Fabre, ne mérite pas seulement de vivre dans nos souvenirs par l'éclat qu'il a jeté sur notre barreau et par celui qu'il jeta plus tard sur le parquet de la Cour de cassation. Il a eu de plus le privilège d'être chez nous comme un chef d'école. Entouré de nombreux collaborateurs, il relisait avec eux tous leurs mémoires; son esprit facile et souple s'assimilait sans peine la besogne d'autrui : nul mieux que lui ne savait indiquer d'un coup d'œil sûr, le point décisif, élaguer les détails inutiles, combler les vides. Et le collaborateur, après avoir ainsi assisté à la transformation rapide de son œuvre, sortait toujours de ces conférences avec le maître mieux préparé pour de nouveaux travaux. Que ne devait-on pas gagner au commerce d'un esprit si net, si bien équilibré, toujours égal à lui-même? C'est à cette école que s'est formé Mazeau, c'est de cette école que sont sortis notre président Bellaigue, Clément que M. Fabre choisit comme successeur, Collet qui est aujourd'hui un de nos présidents du Conseil d'État, Magimel, qui malheureusement pour nous n'a fait que traverser notre ordre, notre regretté Lefebvre et d'autres qui m'entendent.

Mazeau est toujours resté très-fidèle aux souvenirs de sa collaboration chez Paul Fabre. Avec quel bonheur il aimait à nous conter les petites escapades, les joyeusetés d'une jeunesse plus gaie peut-être que celle d'aujourd'hui? Que d'esprit s'y dépensait! Celui de Mazeau ne s'y ménageait pas; et on peut dire que, grâce à lui, le cabinet Fabre est devenu chez nous légendaire.

Placé à votre tête par un vote presque unanime, Mazeau, pendant les deux années, hélas! trop courtes, de sa présidence, a pleinement justifié votre confiance. Habile pour prévenir les difficultés, les questions irritantes, il s'est pourtant toujours montré très-soucieux de sa dignité et de la vôtre, très-empressé de mettre, en toute occasion, au service de ses confrères, son autorité et son influence.

Tous nos vœux accompagnent notre cher Président dans sa retraite. Est-ce une retraite? En appelant Mazeau à la présidence, vous avez couronné sa carrière d'avocat; mais l'avenir lui en réserve peut-être une autre. Nous savons que la Cour a hautement manifesté, à plusieurs reprises, le désir de le recevoir dans ses rangs, où il retrouverait deux de nos anciens confrères. Espérons que, les vœux de la Cour et les nôtres étant enfin exaucés, nous le reverrons bientôt près de nous, à une autre place.

L'année qui vient de s'écouler a été marquée par quatre autres mutations.

Au mois de janvier, Debrou nous présentait son successeur. Il était entré dans notre ordre en 1874. Distrait par des occupations diverses, il a peu fréquenté le Palais; mais il laisse chez nous les souvenirs les plus honorables : c'était un aimable et digne confrère.

Fliniaux est resté un peu plus longtemps parmi nous, il a été pendant dix ans notre confrère. Il s'est signalé par d'assez nombreuses publications sur des sujets divers. Nous regrettons que ses goûts l'aient détourné de notre barreau. Il en sort avec l'estime de tous.

Guyot avait succédé à Mathieu-Bodet. Il n'est personne de nous qui ne rende hommage à cette âme ferme et droite, si pénétrée du sentiment de ses devoirs, et le Conseil où Guyot a siégé pendant trois ans, a pu encore mieux apprécier les qualités solides qui le distinguent.

Duverger était entré chez nous sous le patronage d'un nom, qui fait honneur à la Faculté de Paris et à la science du droit. Avec un peu plus de persévérance et d'énergie, il eût pu sans doute prendre dans notre Ordre une bonne place. Mais les occasions lui ont manqué pour se produire, et il a perdu courage.

Pendant l'année qui vient de s'écouler, la mort nous a enlevé deux de nos anciens confrères : Mimerel et Hérold.

Notre ancien président Mimerel a passé trente ans dans notre Ordre, qui conservera toujours le souvenir de ce talent élégant et sobre. Mimerel ne nous a quittés que lorsqu'il a senti ses forces s'affaiblir. Il s'était fait inscrire au barreau de la Cour d'appel, voulant rester et mourir avocat. Il avait été nommé membre adjoint du Tribunal des conflits et Président du Bureau d'assistance judiciaire près la Cour de cassation. J'ai eu le bonheur de le voir souvent, cette année, présider le Bureau d'assistance, dont je faisais partie, et je ne saurais vous dire, mes chers Confrères, à quel point nous avons été touchés maintes fois du dévouement qu'il apportait à ses fonctions, tenant à examiner lui-même tous les dossiers, les étudiant avec le soin le plus scrupuleux, et montrant, jusqu'au dernier jour, à quel point il avait le culte du droit et de la justice.

Par un excès de modestie, Mimerel n'a pas voulu qu'il fût prononcé de discours sur sa tombe, et notre Président n'a pu lui faire que de courts adieux. Mais les honneurs qui ont entouré ses funérailles ont suffisamment attesté le respect qu'inspire sa mémoire. Le Conseil a voulu que, par exception, une députation de vingt membres se rendît à ses obsèques. Elle a marché de pair avec celle du barreau de la Cour d'appel. Nos confrères auraient pu réclamer le premier rang, puisque Mimerel ne nous appartenait plus que par le souvenir. Mais ils ont eux-mêmes compris que Mimerel avait tenu chez nous une trop grande place pour n'être pas toujours considéré comme un des nôtres, et les deux barreaux, confondant fraternellement leurs rangs, ont ensemble rendu hommage à leur commun confrère.

Comme pour prolonger ses liens avec nous, Mimerel a choisi son fils pour successeur, sachant bien qu'il porterait dignement son nom et marcherait sur ses traces. Que notre confrère reçoive ici l'expression du souvenir respectueux que nous gardons à notre ancien Président, et qu'il veuille bien être notre interprète près de Madame Mimerel.

Mimerel et Hérold étaient unis par une étroite affection. Ils nous ont été enlevés presque en même temps. D'ardentes convictions ont entraîné Hérold vers la politique, et il avait sa place marquée dans le Gouvernement de 1870. Il est mort sénateur et préfet de la Seine. Nous n'avons pas ici à juger l'homme politique : c'est une tradition du barreau, que toutes les opinions, quand elles sont sincères, doivent être respectées ; c'est par cette tolérance réciproque que se maintient entre nous la bonne harmonie qui est un des charmes de la vie du Palais.

Hérold a été notre confrère pendant dix-sept ans, et

il était, lorsqu'il nous a quittés, membre du Conseil pour la seconde fois. Pendant trois ans il a été notre bibliothécaire. Esprit curieux et chercheur, doué d'une rare mémoire, il avait voulu reconstituer l'histoire de notre barreau : c'est lui qui nous a élevé, sous le titre modeste de *Tableaux de l'ordre,* ce monument qui, restauré et complété par notre dévoué bibliothécaire Gosset, nous est aujourd'hui doublement précieux depuis la perte de nos archives. Hérold a toujours été très-attaché à notre ordre, et nous ne saurions, sans ingratitude, oublier le dévouement qu'en mainte occasion il a montré pour ses anciens confrères.

Dans notre petite République il est d'usage, mes chers Confrères, que, chaque année, vos mandataires rendent exactement leurs comptes. Si, dans le Conseil, le secret doit être fidèlement gardé, quand il intéresse un de nos confrères, le Conseil se fait un devoir de vous mettre au courant de tout ce qui concerne les intérêts généraux de l'Ordre.

Au commencement de cette année, nous avons fait près du Président de la section de l'intérieur une démarche, dont vous apprécierez sans doute l'heureux succès.

Tous ceux d'entre vous qui ont été chargés de suivre des affaires devant les sections administratives du Conseil d'État, ont pu constater que, très-exactement mis au courant des diverses phases de l'affaire, ils étaient toutefois laissés dans l'ignorance du décret intervenu, ce décret étant simplement notifié aux parties intéressées. Il en résultait pour nous une situation fausse vis-à-vis de nos clients, qui s'étonnaient de n'avoir point été prévenus par leur avocat. Nous avons fait remarquer que s'il convient de tenir secrète la décision du Conseil, qui n'est qu'un simple avis, il n'y a aucune raison pour ne pas faire connaître à l'avocat le décret intervenu. M. le Président de la section de l'intérieur, faisant droit à nos réclamations, nous a promis qu'à l'avenir il nous serait donné sans retard communication du décret. Nous ne pouvions attendre moins de notre ancien confrère.

Devant le Conseil d'État, au contentieux, la plaidoirie étant non la règle, mais l'exception, nous avons cru devoir vous rappeler que c'est une obligation, quand on doit plaider, de prévenir son confrère en temps utile. Il ne faut pas qu'il y ait entre nous de surprise.

C'est dans la même pensée que nous vous avons demandé, quand vous produisez devant le Conseil des pièces dont l'adversaire ne pourrait avoir communication, parce que les délais de la communication officielle sont expirés, de les tenir à sa disposition pendant un délai d'au moins vingt-quatre heures. Cette prescription n'est pas toujours observée : nous vous invitons de nouveau à vous y conformer.

Quoique notre titre d'avocat nous donne le droit de plaider devant toutes les juridictions, c'est un droit dont nous n'usons qu'avec réserve en dehors des juridictions près desquelles nous sommes spécialement accrédités. Vous devez, vous le savez, nous demander une autorisation spéciale pour plaider devant les conseils de préfecture autre que celui du département de la Seine. Par les demandes, qui nous ont été faites cette année, nous avons constaté que votre intervention devant les conseils de préfecture devient de plus en plus fréquente. Nous le constatons à l'honneur de notre barreau. Permettez-nous, toutefois, de vous rappeler que lorsque vous paraissez devant le conseil de préfecture ou toute autre juridiction, c'est toujours à titre d'avocat, et qu'il ne convient pas alors d'abandonner votre robe, qui est votre marque distinctive et votre meilleure protection.

Dans le cours de cette année, le Conseil a eu à s'occuper d'une question qui a aussi son importance. Il s'agissait de décider quand et dans quelle mesure l'ordre devait se faire représenter dans les cérémonies publiques, aux obsèques de nos confrères et des magistrats. Vous avez lu, à cet égard, le rapport de notre confrère Arsène Périer, qui, une fois de plus, a prouvé qu'une plume élégante sait toujours donner du charme aux plus arides sujets. Le Conseil a posé en principe qu'il n'y aurait pas de députation sans invitation directe adressée à l'ordre. Dans certains cas nous avons diminué l'importance de la députation, et épargné ainsi nos finances. Mais nous ne voudrions pas vous voir augmenter outre mesure nos économies en ne vous rendant pas aux convocations qui vous sont adressées. Trop souvent vous vous êtes dispensés d'y obéir, et l'ordre s'est trouvé par suite insuffisamment représenté. Ne pas se rendre à une convocation, quand on n'a pas d'excuse, c'est manquer à un devoir professionnel : nous espérons que vous serez plus exacts à l'avenir.

La retraite prématurée de notre Président, en nous imposant l'obligation de lui choisir un successeur, a fait naître une question qui a beaucoup préoccupé le Conseil. Quelle sera la durée du mandat de notre nouveau Président?

Nous vous devons ici quelques explications, car vous êtes des électeurs dont nous ne pouvons, sans motifs, limiter les pouvoirs.

L'Ordonnance du 10 septembre 1817, qui est notre charte constitutionnelle, porte (art. 9) que *les fonctions du Président et des Membres du Conseil durent trois ans*. L'article 10 ajoute que les nominations ont lieu, chaque année, dans la dernière semaine du mois d'août.

L'Ordonnance ne paraît pas avoir prévu le cas où il y aurait lieu de remplacer un Président ou un membre du Conseil qui n'aurait pas atteint le terme de son mandat. Pour les membres du Conseil, c'est une tradition constante que les remplaçants prennent simplement la place de leurs prédécesseurs, et ne font que continuer leurs fonctions. En ce qui concerne la présidence, les précédents que nous n'avons pu exactement contrôler, par suite de la perte de nos archives, laissent place au doute. Des Présidents paraissent avoir été nommés pour trois ans, quoique leur prédécesseur n'eût pas atteint le terme de son mandat, d'autres n'ont fait que continuer les fonctions du prédécesseur. C'est ainsi, pour rappeler l'exemple le plus récent, que M. Mathieu-Bodet, nommé au mois de mars 1863, en remplacement de M. Marmier décédé dans la première année de son exercice, a résigné ses fonctions au mois d'août 1865, c'est-à-dire à l'époque où devaient cesser celles de son prédécesseur.

Il paraît incontestable, en effet, que si notre Président résignant, il y a quelques mois, ses pouvoirs, nous avions, dans le cours de l'année, procédé à une élection nouvelle, notre nouveau Président n'aurait pu qu'achever le mandat de son prédécesseur. Pour lui assurer trois années pleines, il eût fallu, ou faire les élections suivantes juste à l'expiration de la troisième année, et alors déplacer indéfiniment l'époque fixée par l'Ordonnance pour l'élection du Président, ou attendre l'assemblée générale du mois d'août, et alors prolonger les pouvoirs du Président au delà du terme de trois ans fixé par l'Ordonnance. De l'une ou l'autre manière, l'Ordonnance eût été violée. Lorsqu'un Président est nommé au cours de l'année, il ne peut donc évidemment que continuer les pouvoirs de son prédécesseur. Or pourquoi n'en serait-il pas de même lorsqu'un Président, se retirant au milieu de son exercice à une époque plus ou moins voisine de l'assemblée du mois d'août, l'élection de son successeur se trouve reportée, par telle ou telle circonstance, à cette assemblée générale? Il ne faut pas qu'on puisse ainsi, en avançant ou reculant l'époque d'une élection, abréger ou prolonger l'exercice du successeur. Il faut une règle fixe : le mandat interrompu doit s'achever. C'est la règle que nous avons toujours appliquée aux membres du Conseil. Le texte étant le même pour le Président et les membres du Conseil, il nous a paru qu'il y avait lieu d'adopter, dans les deux cas, la même décision. Vous ne serez pas surpris que, dans une question qui touche à la constitution même de notre Ordre, nous nous soyons enquis de l'avis du Parquet. Nous sommes heureux de vous apprendre que M. le Procureur général, officiellement consulté à cet égard par notre Président, lui a déclaré, qu'après examen, il partageait l'opinion du Conseil.

Notre nouveau Président ne sera donc nommé que pour une année. Il nous en coûte, au moment où nous allons donner à un confrère la plus grande marque de notre estime et de notre affection, de tronquer, pour ainsi dire, son mandat. Mais nous espérons qu'il estimera assez haut par lui-même son titre de Président, pour ne pas songer à en mesurer la durée. Si limité qu'il puisse être dans sa durée, ce titre, soyez-en sûrs, ne perdra rien de sa valeur ni de son autorité.

Cette année comme les années précédentes, le Conseil s'est beaucoup occupé de la conférence placée sous son patronage : elle compte aujourd'hui plus de 40 membres, qui sont presque tous vos secrétaires et se destinent à notre barreau. Depuis cette année, grâce à l'intervention de notre président Mazeau, les journaux judiciaires (que nous prions de recevoir ici nos remerciements), ont exactement rendu compte de chaque séance, énonçant la question et les noms des orateurs. A chaque séance a assisté, comme de coutume, un membre du Conseil. Toutes les séances n'ont pas été égales, mais il y en a eu d'excellentes, et nous sommes heureux de pouvoir vous dire que nous avons distingué de futurs confrères qui feront certainement honneur à notre barreau. A une époque, où les mutations deviennent fréquentes, félicitons-nous, mes chers Confrères, d'avoir sous la main une vaillante réserve, qui, celle-là du moins, ne demande qu'à être appelée à l'activité. Nous ne pouvons fermer à d'autres nos rangs; mais nous accueillons toujours avec une confiance particulière ceux qui, comme nos nouveaux confrères, MM. de Ramel, Bazile, Durnerin, Clément et Choppard, nous arrivent déjà connus, préparés par des études spéciales, pénétrés de nos honnêtes traditions.

C'est en se recrutant de la sorte que notre barreau se maintient à la hauteur où il s'est placé. Nous sommes heureux de constater que nos liens avec la Cour se resserrent de jour en jour. Vous n'avez pas oublié l'hommage que, dans son discours de rentrée, M. le Procureur général Bertauld a rendu à la mémoire de notre regretté Jozon, et vous n'oublierez pas non plus les paroles flatteuses qu'a prononcées à notre égard son successeur en prenant possession de son siège : « Pour « échapper aux chances d'erreur inhérentes à toute « œuvre humaine, vos décisions — disait à la Cour « M. le Procureur général Barbier — ont la bonne for-« tune, indépendamment de la valeur qu'elles tirent de « vous-mêmes, d'être précédées par les travaux écrits « et la discussion orale d'un barreau qui, depuis long-

« temps, contribue, pour sa part, à l'éclat de votre com-
« pagnie. Vous puisez dans ses rangs ; et, si je ne crai-
« gnais de blesser la modestie de plusieurs, je dirais
« que vous y faites de précieuses recrues. »

Recueillons, mes chers Confrères, ces marques d'estime et de sympathie, non par une vaine satisfaction
d'amour-propre, mais pour nous efforcer de les mériter
chaque jour davantage.

Le nombre de nos chevaliers de la Légion d'honneur
s'est encore accru cette année. Notre sympathique confrère Nivard, avocat du Ministère de la Guerre, a été
décoré pour *services exceptionnels*. Cette formule ba-
nale, et, le plus souvent trompeuse, se trouve être ici,
par exception, l'exacte vérité. L'interminable liquida-
tion des marchés de la guerre, les graves contestations
qu'ont soulevées les travaux de nos forts, imposaient à
l'avocat du Ministère de la Guerre une lourde tâche.
Nivard s'en est acquitté de telle sorte qu'on peut presque dire qu'il a été un des plus laborieux artisans de
notre défense nationale.

Il me reste à vous parler, suivant l'usage, mes chers
Confrères, de nos finances, de la bibliothèque et à
vous donner la statistique de nos affaires.

Nos finances sont prospères. Notre budget, qui dé-
passe 30,000 fr., se soldera cette année, par un excé-
dent de recettes.

Vous parler de notre bibliothèque c'est encore vous
parler un peu de nos finances, car la bibliothèque
forme un chapitre important de notre budget. L'incen-
die ayant tout détruit, il a fallu faire, pendant longtemps, de gros sacrifices. L'intéressant rapport que
nous a adressé, il y a quelques jours, notre cher bibliothécaire, constate que la bibliothèque, qui compte aujourd'hui environ 7,000 volumes, nous a coûté, depuis

11 ans, 34,979 fr. 25, soit une moyenne annuelle de 3,179 fr. 90. Mais cette moyenne tend à diminuer de plus en plus, l'heure des grands sacrifices est passée, et cette année, malgré la vigilance de notre bibliothécaire, qui ne manque jamais de nous signaler au passage les bonnes occasions et les publications utiles, nous n'avons dépensé qu'une somme de 2,172 fr., y compris les abonnements et les reliures. Encore y a-t-il eu des frais de reliure exceptionnels pour notre *Bulletin des lois* du Conseil d'État.

Parmi les libéralités que nous avons reçues cette année, il en est une qui mérite une place à part. Notre Président Mazeau, à qui la bibliothèque devait tant déjà, nous a offert, en se retirant, une magnifique édition de Cujas en 13 volumes in-folio (édition de Venise). Ce superbe ouvrage lui avait été donné par Paul Fabre, au moment de son entrée dans l'Ordre, comme un témoignage de son estime et de son affection. C'était un souvenir dont Mazeau était justement fier. Il a eu la pieuse pensée de le remettre entre vos mains, vous donnant ainsi lui-même le meilleur gage de son affection. Ce gage sera chez nous religieusement gardé. En lisant à la première page de notre Cujas les noms de nos deux Présidents, nous n'oublierons jamais les liens qui les ont unis, et nous les associerons désormais dans nos souvenirs.

Notre ancien Président Dareste, qui, lui aussi, a rendu tant de services à notre bibliothèque, non-seulement pour les ouvrages qu'elle en a reçus, mais encore pour ceux qu'il lui a fait acquérir, nous a offert, cette année, son savant mémoire sur les anciennes lois du Danemarck, de la Norwège et de l'Islande.

A notre ancien Président Mathieu-Bodet nous devons ses deux intéressants volumes sur les *finances françaises* de 1870 à 1878. Vous savez la grande part qu'a prise, comme député et ministre, notre ancien Président à la restauration de nos finances. Ces deux volumes sont en partie l'histoire de son œuvre.

Notre ancien Président Bellaigue nous a remis vingt-trois volumes relatifs aux anciennes Ordonnances.

Un ancien confrère, qui ne nous oublie pas non plus, Bavelier, nous a adressé la deuxième édition de son *Dictionnaire électoral*.

Remercions aussi notre confrère Sauvel, qui nous a remis deux de ses récentes études : l'une sur la *propriété* littéraire aux colonies; l'autre sur la question si actuelle des *tribunaux d'assises correctionnelles*.

Tous ceux de nos confrères qui collaborent à des journaux ou à des revues, s'efforcent de nous en faire profiter. Grâce à notre confrère Carteron, le journal *La Loi*, plus libéral en cela que *La Gazette* et *Le Droit*, sert gratuitement non-seulement deux abonnements à notre Ordre, mais encore un à chacun de nous. Nous devons les mêmes remercîments à nos confrères de Ramel et Arsène Périer, pour leur *Revue du contentieux des Travaux publics*.

Remercions enfin notre confrère Sauvel, qui nous fait adresser deux exemplaires de son *Journal de Droit criminel*, et notre confrère Defert, pour son *Journal des Faillites*.

Voici, mes chers confrères, la statistique de nos affaires :

Tribunal des conflits.

	1882	1881	Plus.	Moins.
Demandes et défenses.	9	53	»	44

Conseil d'État (contentieux).

	1882	1881	Plus.	Moins.
Recours.	347	320	27	»
Défenses	192	291	»	99
TOTAL AU CONTENTIEUX .	539	611	»	72

Ce déficit s'explique par ce motif que, l'année dernière, il y a eu beaucoup de défenses dans des affaires électorales. On voit, en effet, que le chiffre des défenses dans les affaires sans frais s'élevaient, l'année dernière, à 149, tandis que cette année, pour les affaire sans frais, il n'y a que 57 défenses.

Sections administratives.

	1882	1881	Plus.	Moins.
Intérieur	55	55	»	»
Travaux publics.	31	26	5	»
Finances	2	»	2	»
TOTAL.	88	81	7	»

Cour de cassation (civil).

	1882	1881	Plus.	Moins.
Pourvois civils	517	550	»	33
Défenses civiles.	182	183	»	1
Règlements de juges	12	10	2	»
Surveillances.	86	79	7	»

Chambre criminelle.

	1882	1881	Plus.	Moins.
Demandes et défenses	169	98	71	»
TOTAL GÉNÉRAL des affaires à la Cour de cassation	966	920	46	»
TOTAL de toutes les affaires devant toutes les juridictions.	1602	1665	»	63

Ici se termine ma tâche. — Veuillez, mes chers Confrères, pardonner ce trop long discours à celui que la retraite prématurée de notre Président a, pour quelques instants, placé à ce fauteuil, et qui en a peut-être abusé.

BAR-LE-DUC, IMPRIMERIE CONTANT-LAGUERRE.

9 782329 163550